# IN UTERUM

Ana Belén Gómez

Aliar ediciones

Corrección: Eladia Guerrero
Diseño de cubierta: Aliar Ediciones
Maquetación: Aliar Ediciones

Depósito Legal: 979-13-87823-67-2
ISBN: GR 1130-2025

Impreso en España

Edita
ALIAR Ediciones
**www.aliarediciones.es**
*info@aliarediciones.es*

# IN UTERUM

Ana Belén Gómez

# PRÓLOGO

Tuve un sueño, una visión, una imagen, llámalo como quieras: ¿sabes el mito de Jesús en la cruz, sacrificándose por nosotros/as, sin más protección que un paño anudado a sus caderas, mientras la sangre brota de sus heridas? En esa imagen sentí a la mujer que, cada cierto tiempo, permite que la sangre brote de sus entrañas para que un nuevo ser venga a este mundo; es su sacrificio y su dolor uterino lo que permite que la vida brote de nuevo. Como Jesús en la cruz, la mujer acoge la menstruación en su cuerpo de mujer como muestra de amor a los hombres y mujeres, a la humanidad.

La imagen de Jesucristo en la cruz es un icono visual de mucho arraigo en la sociedad y la historia del mundo, y, a veces, es malinterpretado, usado como un símbolo de represión, patriarcado y sumisión; pero, al fin y al cabo, una imagen con mucho poder simbólico en todo el mundo. El sufrimiento de Jesucristo en la cruz se interpreta como una metáfora que intenta simbolizar su amor hacia las personas y su capacidad de sacrificio; un amor tan grande como para entregar su vida. La mujer que menstrúa entrega cíclicamente su cuerpo, sus entrañas, a la renovación de la vida, para que esta se produzca. Es un ofrecimiento que todas las mujeres hacen a la humanidad para que pueda seguir existiendo.

Y si queremos que esta cambie de paradigma, debemos empezar a crear otro tipo de imágenes que cuestionen los patrones establecidos. La sangre menstruante es igual de bella y hermosa que la que brota de Jesús hombre para regenerar a la humanidad. La mujer es un Jesús con cuerpo femenino que abraza la transformación cíclica de sus entrañas para que hombres y mujeres puedan seguir viniendo a este mundo, puedan vivir en él. Es a esa imagen a la que quiero rendir tributo hoy, aquí, en estas páginas, para hacer visible el esfuerzo y sacrificio de las mujeres, generación tras generación. Vivamos menstruando, conscientes de su valor.

El libro que tienes en tus manos es, en parte, un homenaje a nuestras ancestras, las mías y las tuyas, que menstruaron para que nuestras vidas fuesen hoy posibles, la vida que lo escribió y la vida que lo lee en este preciso momento, gracias a la sangre derramada entre sus piernas. En la imagen de la portada de este breve libro de textos poéticos quiero reflexionar sobre el hecho de ser mujer en esta época profundamente patriarcal, un patriarcado que atraviesa por los cuatro costados nuestros cuerpos de mujeres en este mundo, y «apropiarme» de una imagen icónica representada hasta la saciedad para mostrar el amor y el sacrifico hacia la humanidad en un cuerpo de hombre.

Es una imagen que se ha convertido en un icono mundial en cuyo nombre el cuerpo femenino se ha manipulado, banalizado, rechazado, escrutado, ocultado, objetificado, abusado, maltratado, profanado y vejado por todos aquellos que se creen con derecho. Podemos decir que es una cruz con la que cargamos, pero, al mismo tiempo, es el cuerpo que permite engendrar la vida, acogerla durante meses mientras crece en su interior, parirla, alimentarla, abrazarla...

¡Cuánto más sería necesario sacralizar esta experiencia, desde el inicio, nuestro cuerpo de mujer en todas sus fases, y rendirle tributo como la iniciación espiritual que, de alguna forma, es!

# PRÓLOGO

Tiven un soño, unha visión, unha imaxe, chámao como queiras: sabes o mito de Xesús na cruz, sacrificándose por nós, sen máis protección que un pano anoado ás súas cadeiras, mentras o sangue agroma das súas feridas? Nesa imaxe sentín á muller que, cada certo tempo, permite que o sangue brote das súas entrañas para que un novo ser veña a este mundo; é o seu sacrificio e a súa dor uterina a que permite que a vida brote de novo. Como Xesús na cruz, a muller acolle a menstruación no seu corpo de muller como mostra de amor aos homes e mulleres, á humanidade.

A imaxe de Xesucristo na cruz é un icona visual de moito arraigo na sociedade e a historia do mundo, e, ás veces, malinterpretado, usado como un símbolo de represión, patriarcado e submisión; mais, á fin, unha imaxe con moito poder simbólico en todo o mundo. O sufrimento de Xesucristo na cruz interprétase como unha metáfora que intenta simboliza-lo amor cara as persoas e a súa capacidade de sacrificio; un amor tan grande como para entregar a súa vida. A muller que menstrúa entrega ciclicamente o seu corpo, as súas entrañas, a renovación da vida, para que esta se produza. É un ofrecemento que todas as mulleres fan á humanidade para que poida seguir existindo.

E se queremos que esta mude de paradigma, debemos comezar a crear outro tipo de imaxes que cuestionen os padróns establecidos. O sangue menstruante é belo e fermoso, coma o que brota do Xesús home para rexenerar á humanidade. A muller é un Xesús con corpo feminino que abraza a transformación cíclica das súas entrañas para que os homes e as mulleres poidan seguir vindo a este mundo, que poidan vivir nel. É a esa imaxe á que quero rendir tributo hoxe, aquí, nestas páxinas, para facer visible o esforzó e sacrificio das mulleres, xeración tras xeración. Vivamos menstruando, conscientes do seu valor.

O libro que tes nas túas mans é, en parte, unha homenaxe ás nosas devanceiras, ás miñas e ás túas, que menstruaron para que as nosas vidas fosen hoxe posibles, a vida que o escribiu e a vida que o le neste preciso momento, grazas ao sangue derramado entre as súas pernas. Coa imaxe da portada deste breve libro de textos poéticos quero reflexionar sobre o feito de ser muller nesta sociedade profundamente patriarcal, un patriarcado que atravesa polos catro costados os nosos corpos de mulleres neste mundo, e «apropiarme» dunha imaxe icónica representada ata a saciedade para mostrar o amor e o sacrificio cara a humanidade nun corpo de home.

É unha imaxe que se converteu nunha icona mundial pola que o corpo feminino foi manipulado, banalizado, rexeitado, escrutado, ocultado, cousificado, abusado, maltratado, profanado e vexado por todos aqueles que se cren con dereito. Podemos dicir que é unha cruz coa que cargamos, pero, ao mesmo tempo, é o corpo que permite enxendrar a vida, acollela durante meses, mentras crece no seu interior, parila, alimentala, abrazala ...

Canto máis sería necesario sacralizar esta experiencia, dende o inicio, o noso corpo de muller en todas as súas fases, e rendirlle tributo como a iniciación espiritual que, de alguna maneira, é!

*A los úteros de las mujeres palestinas,*
*lugar de resiliencia, libertad y amor por la vida.*
*¡VIVA PALESTINA LIBRE!*

*Aos úteros das mulleres palestinas,*
*lugar de resiliencia, liberdade e amor pola vida.*
*VIVA PALESTINA LIBRE!*

**_Agradecimientos_**

A todas las mujeres de mi genealogía, ¡llegó el momento!
A mi madre, Sara.
A mi hija, Tara Lúa.
A Carmela.
A todas y cada una de las personas que han hecho este libro posible.
Y a ti, lector/a, por dedicarme tu valioso tiempo.

**_Agradecimentos_**

A todas as mulleres da miña xenealoxía, Chegou o momento!
Á miña nai, Sara.
Á miña filla, Tara Lúa.
A Carmela.
A todas e cada unha das persoas que fixeron posible este libro.
E a ti, lector/a, por adicarme o teu exquisito tempo.

En el útero
de todas las madres
que engendraron.
En el útero
de todas las que parieron
sin dar a luz.
En la cavidad
donde se depositó
la primera semilla
que germinó.
Ahí, ¡comenzó TODO!
Al útero
que me engendró
desde el germen.
A todos los úteros de mi genealogía.
Y, finalmente,
a todos aquellos úteros
que me acogieron
en algún momento
de sus vidas.
**¡Gracias por acoger la vida y la historia!**

No útero
de todas as nais
que enxendraron.
No útero
de todas as que pariron
sen dar a luz.
Na cavidade
onde se depositou
a primeira semente
que xerminou.
Aí, comezou TODO!
Ao útero
que me enxendrou
dende o xerme.
A todos os úteros da miña xenealoxía.
E, finalmente,
a todos aqueles úteros
que me acolleron
nalgún momento
das zúas vidas.
**Grazas por soste-la vida e a historia!**

## ¡Engendradla y paridla!

Caminando entre los bosques,
recogí su voz,
primero,
casi un susurro,
y, después,
con fuerte voz.
Eran ellas,
las de antes,
las de antaño,
las que caminaron estas tierras,
amando aquellos árboles
y toda la vida que se abría ante sus pies,
la riqueza de la madre,
conectando,
con sus fértiles úteros
de barro derramado
entre sus piernas,
ese barro
del que están hechos
los cuerpos
de los hombres
y de las mujeres,
de los seres de carne y hueso,
y de aquellos que
habitan
la tierra en la que

## Enxendrádea e parídea!

Camiñando entre os bosques,
recollín a súa voz,
primeiro,
case un bisballo,
e, despois,
con voz forte.
Eran elas,
as de antes,
as de antano,
as que camiñaron estas terras,
amando aquelas árbores
e toda a vida que se abría aos seus pés,
a riqueza da nai,
conectando,
cos seus fértiles úteros
de barro derramado
entre as súas pernas,
ese barro
do que están feitos
os corpos
dos homes
e das mulleres,
dos seres de carne e óso,
e daqueles que
habitan
a terra na que

ellas,
antes de mí,
posaron sus pies.
—**¡Estamos aquí!** —gritaron.
Sostentiendo tu vida,
lo estuvimos antes
y lo seguimos haciendo,
aunque no nos veas,
somos parte de ti.
**¡No nos defraudes!**
No fue fácil para nosotras,
ni lo será para ti,
pero queremos recordarte que
luchamos
para que tú,
las que vengan
y las que están por venir
tengáis la vida que
nosotras quisimos tener,
o, mejor dicho,
la que vosotras queréis tener.
**¡Engendradla y paridla!**

elas,
antes de min,
pousaron os seus pés.
—**Estamos eiquí!** —berraron.
Sostendo a túa vida,
estabamos antes
e seguímolo facendo,
aínda que non nos vexas,
somos parte de ti.
**Non nos defraudes!**
Non foi fácil para nós,
nin o será para ti,
mais queremos lembrarche que
loitamos
para que ti,
as que veñan
e as que están por vir
teñades a vida que
nós quixemos ter,
ou mellor dito,
a que vosoutras queredes ter.
**Enxendrádea e parídea!**

## A mi medida

¿En qué te convertiste, mi enamorada,
mi ancestral tierra gallega?
Tus misterios me sobrecogen
y multiplican mi interrogante.
¿Por qué escogí nacer en tus parajes,
a tu refugio?
¿Que me amamantaran tus fuentes,
surgidas del interior de tus valles,
con las arbóreas ramas de tus bosques
murmurando mi nombre de mujer?
Enraizando
con las piernas,
ligeramente
flexionadas,
mas,
por fin,
bajo las plantas de mis pies,
este suelo,
firme,
húmedo,
de la tierra que me parió,
que me crio
y un día me echó lejos de ella,
para caminar el contraste
de otros senderos,
que acababan,

## Á miña medida

En que te convertiches, miña namorada,
miña ancestral terra galega?
Os teus misterios sobrecóllenme
e multiplican o meu interrogante.
Por que escollín nacer nas túas paraxes,
ao teu refuxio?
Que me amamantaran as túas fontes,
xurdidas do interior dos teus vales,
coas arbóreas pólas das túas fragas
murmurando o meu nome de muller?
Enraizando
coas pernas,
lixeiramente
flexionadas,
mais,
por fin,
baixo as plantas dos meus pés,
este solo,
firme,
húmido,
da terra que me pariu,
que me criou
e un día me botou lonxe dela,
para camiña-lo contraste
doutros sendeiros,
que acababan,

siempre,
en la misma *aira* de piedra,
desde la que observaba
las estrellas
y elucubraba un mundo
a mi medida.

sempre,
na mesma aira de pedra,
dende a que
observaba
as estrelas
e elucubraba un mundo
á miña medida.

## Abuela

¡Eterna!,
te percibo,
así es tu llamada,
mi abuela,
de paño en cabeza, negro,
de mandil a cuadros, negros,
de zapatillas, negras,
de bolso, negro,
de monedero, negro,
de paraguas, negro,
de mejillas sonrosadas,
de piernas flacas y danzarinas,
de ojos azules,
de sonrisa blanca,
de pelo color plata,
de corazón rojo intenso,
de manos como ramas alargadas,
surcadas por tus mil y una líneas,
tantas como años, en vida, acumulados,
¡vieja! y luchadora, en tu cuerpo-árbol enraizada (jubilosa)
a la tierra que heredé de tus brazos.

## Avoa

Eterna!,
percíbote,
así é a túa chamada,
miña avoa,
de pano na cabeza, neghro,
de mandil a cadros, neghros,
de zapatillas, neghras,
de bolso, neghro,
de moedeiro, neghro,
de paraugas, neghro,
de meixelas rosadas,
de pernas fracas e bailaretas,
de ollos azuis,
de sorriso branco,
de cabelo cor prata,
de corazón vermello intenso,
de mans como ramas alongadas,
sucadas polas túas mil e unha liñas,
tantas coma anos, en vida acumulados,
vella! e loitadora, no teu corpo-árbore enraizada (xubilosa)
á terra que herdei dos teus brazos.

## Labrar el camino

Y me empapo de los versos que nunca escribí,
los siento como una oración en mi pecho,
que se prepara para ser invocada,
los canto como las dulces nanas
que mamá me cantaba,
cuando ella misma
me mecía,
embelesada
por mi pequeñez
y vulnerable calor.
Esos versos
nunca dichos,
a los que,
igualmente,
acunaba en mi paladar,
como si en eso
estuviera el secreto,
¿degustar o renunciar?,
¿saborear o negarse a transformarlo en palabra?,
aquellas cosas sentidas,
que buscan la manera
de encarnar
a través de mi voz.
Porque si yo no te narro
habré perdido las mil y una batallas en las que me costó
***INICIARME***,
las mismas que a mi madre le costó ***CRIARME***.

## Labra-lo camiño

E empápome dos versos que nunca escribín,
síntoos coma unha oración no meu peito,
que se prepara para ser invocada,
cántoos como as doces nanas
que a miña nai me cantaba,
cando ela mesma
me arrolaba,
pasmada
pola miña pequenez
e vulnerable calor.
Eses versos
nunca ditos,
aos que,
igualmente,
arrolaba no meu padal,
como se niso
estivera o segredo,
degustar ou renunciar?,
saborear ou negarse a transformalo en palabra?,
aquelas cousas sentidas,
que buscan a maneira
de encarnar
a través da miña voz.
Porque se eu non te narro
terei perdido as mil e unha batallas nas que me custou
***INICIARME***,
as mesmas que á miña nai lle custou ***CRIARME***.

Si yo no te expreso,
traicionaría
el amor de sus manos tiernas,
moldeándome
al bombeo
de su corazón,
generoso y pausado,
con el fruto de su vientre
arraigado
a la vida y sus ciclos.
Al contrario que ella,
mimo a las diosas de la abundancia
con la profusa escasez,
conteniendo versitos en mis labios,
pronunciándolos,
susurrándolos,
apenas,
para que,
en tal caso,
se sostengan
por aquellos
a los que
oírlos
les abre las puertas
a ese lugar recóndito
de su universo,
donde comparten
y conjugan conmigo

Se eu non te expreso,
traizoaría
o amor das súas mans tenras,
moldeándome
ao bombeo
do seu corazón,
xeneroso e pausado,
co froito do seu ventre
arraigado
á vida e os seus ciclos.
Ao contrario que ela,
aloumiño as deusas da abundancia
coa profusa escaseza,
contendo versiños nos meus beizos,
pronunciándoos,
borboriñándoos,
a penas,
para que,
en tal caso,
se sostéñan
por aqueles
aos que
oílos
ábrelles as portas,
a ese lugar agochado
do seu universo,
onde comparten
e conxugan comigo

los verbos precisos
para labrar el camino
que recorremos juntos,
en busca de un nuevo sino,
uno esculpido al ritmo de nuestros pasos,
aunque sea en suelo enemigo.

os verbos precisos
para labra-lo camiño
que percorremos xuntos,
na procura dun novo sino,
un esculpido ao ritmo dos nosos pasos,
aínda que sexa en solo inimigo.

## Soy

Soy mujer,
soy entrañas,
pariendo
el mar,
en todas
sus fases.
Soy espacio
suspendido
en el tiempo,
donde puedo
acogerte
o
destruirte,
antes
incluso
de que llegues a mí.
Soy necesidad
de amar,
caminar
y amamantarme
del mundo circundante,
que este
me proteja,
cual pecho bamboleante,
antes de decidirme
a comenzar el próximo baile.

## Son

Son muller,
son entrañas,
parindo
o mar,
en todas
as súas fases.
Son espazo
suspendido
no tempo,
onde podo
acollerte
ou
destruírte,
antes
incluso
de que chegues a min.
Son necesidade
de amar,
camiñar
e chuchar
do mundo circundante,
que este
me protexa,
cal peito oscilante,
antes de decidirme
a comeza-lo próximo baile.

## Pertenezco

Soy una más,
vinculada,
valorada
y decidida.
Yo siento,
luego existo,
pertenezco,
luego sumo.
**¡Quiero sentir, existir, pertenecer y que me tengas en cuenta!**

## Pertenzo

Son unha máis,
vinculada,
valorada
e decidida.
Eu sinto,
logo existo,
pertenzo,
entón sumo.
**Quero sentir, existir, pertencer e que me teñas en conta!**

## En órbita

¿Por mí
o por ti?
No hago diferencia.
Si grito,
los ecos de mi voz
resonarán en todos tus poros,
aunque no quieras,
no podrás evitarlo.
Si grito,
o si levanto mi voz,
o, si, simplemente,
la uso para expresar mi verdad,
generaré en ti
**EXCUSAS**
**para escuchar tu propia voz**,
y eso
no puede detenerlo
ni el silencio paralizante
ni la lluvia helada calándome los huesos,
mientras acepto el maltrato como moneda de cambio,
ni la inercia constante de la desdicha heredada,
ni el barro en mis zapatos de las tumbas que no pude cerrar a tiempo,
o la infamia perpetrada contra mí misma de puertas hacia dentro.

## En órbita

Por min
ou por ti?
Non fago diferenza.
Se berro,
os ecos da miña voz,
resoarán en todos os teus poros,
aínda que non queiras,
non poderás evitalo.
Se berro,
ou se ergo a miña voz
ou, se, simplemente,
úsoa para expresa-la miña verdade,
xerarei en ti
**ESCUSAS**
**para escoita-la túa propia voz,**
e iso
non pode detelo
nin o silencio paralizante
nin a chuvia xeada calándome os ósos,
mentras acepto o maltrato como moeda de troco,
nin a inercia constante da desgraza herdada
nin o barro nos meus zapatos das tumbas que non puiden pechar a tempo,
ou a infamia perpetrada contra min mesma de portas para dentro.

**PORQUE SOMOS**
**MUJER,**
**UNA SOLA**
**UNIDAD**
**CON LA TIERRA,**
**LIGADA**
**A SU ARCILLA OSCURA,**
**DESDE NUESTROS ÚTEROS ENRAIZADOS**
**EN LAS PROFUNDIDADES,**
**de unas entrañas**
**espesas y oscuras,**
**donde**
**nadie**
**nos dice**
**lo que tenemos que hacer,**
**porque somos dueñas de la esencia de la MADRE CREACIÓN,**
**¡CREÁMONOS Y CREÉMONOS!**
La voz de una
refleja lo que en todas ese espacio interno,
aquel del fuego materno,
que canaliza la escucha consciente,
el mismo que,
como un horno,
cuece panes que son alimento,
gesta revoluciones-evoluciones,
esculpe gemas preciosas,
compone mosaicos de vida
o muerte,

**PORQUE SOMOS**
**MULLER,**
**UNHA SOA**
**UNIDADE**
**COA TERRA,**
**LIGADA**
**A SÚA ARXILA ESCURA,**
**DENDE OS NOSOS ÚTEROS ENRAIZADOS**
**NAS PROFUNDIDADES,**
**dunhas entrañas**
**espesas e escuras,**
**onde**
**ninguén**
**nos di**
**o que temos que facer,**
**porque somos donas da esencia da NAI CREACIÓN,**
**CREÁMONOS E CREÉMONOS!**
A voz dunha
reflicte o que en todas ese espazo interno,
aquel do lume materno,
que canaliza a escoita consciente,
o mesmo que,
coma un forno,
coce pans que son alimento,
xesta revolucións-evolucións,
esculpe xemas preciosas,
compón mosaicos de vida
ou morte,

cocina guisos y niños,
¡se subleva!,
calienta el barro que moldea el mundo
y lo mantiene en órbita.

cociña guisos e nenos,
sublévase!,
quenta o barro que moldea o mundo
e o mantén en órbita.

## ¿Dónde?

¿Dónde está el río?,
¿dónde
el torrente
que fluye
con la vida,
como la sangre
que se vierte entre mis muslos,
recordándome
que,
cíclicamente,
soy capaz
de resurgir
como la madreselva
en todas sus estaciones?
**¿Dónde está la vida que quiero vivir?**
**¿Dónde la que debe morir?**
¿Es esta
la deseada,
la amada,
o la que
debe partir?
¿No son estos,
acaso,
los miedos heredados,
las conjeturas
de los necios
dentro de mí,

## Onde?

Onde está o río?,
onde
o torrente
que flúe
coa vida,
coma o sangue
que flúe entre as miñas coxas,
lembrándome
que,
cíclicamente,
son capaz
de rexurdir
coma a madreselva
en tódalas suas estacións?
**Onde está a vida que quero vivir?**
**Onde a que debe morrer?**
É esta,
a desexada,
a amada,
ou a que
debe partir?
Non son estes,
acaso,
os medos herdados,
as conxecturas
dos necios
dentro de min,

la prisión
encarcelada
en sí misma?
¿Está
en lo que
gesto
entre mis caderas,
y que
se asoma
entre
mis labios-vulva,
para
aspirar
las primeras bocanadas
del nuevo mundo?
¿Está el río,
en lo que brota en mí,
canalizado
a través de este cuerpo
que se retuerce
en busca de la luz,
dejándose atravesar por ella,
desapareciendo
en la completa fusión?
¿Dónde estás,
torrente,
agua,
que

a prisión
encarcerada
en si mesma?
Está
no que
xesto
entre as miñas cadeiras,
e que
se asoma
entre
os meus labios-vulva,
para
aspirar
as primeiras bafaradas
do novo mundo?
Está o río
no que brota en min,
canalizado
a través deste corpo
que se retorce
na procura da luz,
deixándose atravesar por ela,
desaparecendo
na completa fusión?
Onde estás,
torrente,
auga,
que

humedeces
el sendero
antes
de ser transitado,
guiando y nutriendo
mis pasos
de una dirección cierta,
sobreponiéndome
a la ciénaga,
al fango,
a las arenas movedizas,
al desierto aparente,
cuando te ocultas,
como el latido profundo
de la vida que
palpita y golpea,
gentil y paciente,
disparos
de amor fluido
a la sequedad
de una tierra
en otra hora fértil?

mollas
o vieiro
antes
de ser transitado,
guiando e nutrindo
os meus pasos
dunha dirección certa,
sobrepoñéndome
á braña,
á lama,
ó lodo,
ás areas movedizas,
ao deserto aparente,
cando te ocultas,
coma o latexo profundo
da vida que
palpita e golpea,
xentil e paciente,
disparos
de amor fluído,
á sequedade
dunha terra
noutra hora fértil?

## Me enaltece

Me enaltece la tierra,
cuando el cuerpo,
herido y amoratado
busca su compañía,
su abrazo.
Me enaltece la historia
que se escribe
teniendo en cuenta
el latido de todos los pechos,
especialmente,
el de aquellos
más vulnerables,
haciendo honor
a la verdad
que sale del ombligo
de los generosos, humildes y espontáneos,
aunque se atasque en la garganta,
aunque nos tiemblen las piernas.
Me enaltece el ladrido de los perros
que en la noche
de las aldeas remotas
se resisten a un futuro
encadenado e incierto,
porque son poseídos
por quien se hace llamar *amo*,
ignorante de su condición

## Enaltéceme

Enaltéceme a terra,
cando o corpo,
ferido e amoratado
busca a súa compaña,
o seu abrazo.
Enaltéceme a historia
que se escribe
tendo en conta
o latexo de todos os peitos,
especialmente,
o daqueles
máis vulnerábeis,
facendo honor
á verdade
que sae do embigo
dos xenerosos, humildes e espontáneos,
aínda que se atasque na gorxa,
aínda que nos treman as pernas.
Enaltéceme o ouveo dos cans
que na noite
das aldeas remotas
resístense a un futuro
encadeado e incerto,
porque son posuídos
por quen se fai chamar *amo*,
ignorante da súa condición

de seres libres y sintientes,
reprimidas sus ansias de animalidad
por la civilización de los hombres.
Me enaltece el miedo
a dejar que
la vida pase por mí,
sin que me
trace a surcos la piel
por las luchas y esfuerzos
por perseguir lo imposible,
y alcanzarlo,
por un instante,
solo,
con intentarlo,
con abrirse
a la posibilidad de,
a pesar de mis pechos blandos,
de mi vagina-vasija,
que recoge
todos los fluidos
para transformarlos
en carburante,
en la procura de aquellos sueños,
que aguardan,
aún,
más allá de las rejas de esta ventana.
A pesar de mi voz denostada,
sin valor,

de seres libres e sentintes,
reprimidos os seus folgos de animalidade
pola civilización dos homes.
Enaltéceme o medo
a deixar que
a vida pase por min,
sen que me
trace a sucos a pel
polas loitas e os esforzos
por persegui-lo imposible,
e alcanzalo,
por un instante,
só,
con intentalo,
con abrirse
á posibilidade de,
a pesar dos meus peitos brandos,
da miña vaxina-vasilla,
que recolle
todos os fluídos,
para transformalos
en carburante,
na procura daqueles soños,
que agardan,
aínda,
máis alá das rellas desta xanela.
A pesar da miña voz denostada,
sen valor,

porque
digo
**palabra de mujer.**

porque
digo
**palabra de muller.**

## Hogar de Breoghana

Como dicen las espumosas aguas de las rías
protegidas por el abrigo
de nuestros reivindicativos cantos,
susurrando a los cuatro vientos:
**—¡Vuela!, no te abandones.**
**¡Alza el vuelo, camino de tu sueño, hogar de Breoghana!**
No dudes,
cuando la palabra apriete en tu garganta,
en abrirla sin reparos
y expresar tu pensamiento,
además de tu sentir,
en las asambleas de aquellos
instruidos para no callar
y ante nada postrarse.
**¡Escucha tu deseo!**
**¡Moldéalo a tu intención!,**
**(con ganas de materializarlo).**
No te rindas
ni te escondas,
siempre,
siempre,
mira adelante.
**Apuesta por ti, BREOGHANA,**
semilla de la nueva galaica,
sueña,
camina,

## Foghar de Breoghana

Como din as espumosas aughas das rías
protexidas polo abrigo
dos nosos reivindicativos cantos,
bisbando ós catro ventos:
**—Voa!, non te abandones.**
**Alza o voo!, camiño do teu sono, Foghar de Breoghana!**
Non dubides,
cando a palabra aprete na túa gorxa,
en abrila sen reparos
e expresar o teu pensamento,
ademais do teu sentir,
nas asembleas daqueles
instruidos pra non calar
e ante nada se prostrar.
**Escoita o teu desexo!**
**Moldéao a túa intención!,**
**(con ganas de materializalo).**
Non te rindas
nin te escondas,
sempre,
sempre,
mira adiante.
**Aposta por ti, BREOGHANA,**
semente da nova galaica,
soña,
camiña,

y, aún más,
¡transforma!
Y cuando caigas,
descansa,
recógete en tus cavidades,
hasta que encuentres las respuestas
para asaltar un nuevo día.
Acuérdate de las abuelas,
que murieron
sin desterrar el pañuelo negro de sus cabezas,
sus cabellos cohibidos
ante las exigencias ajenas,
de espaldas a su naturaleza
de mujeres con fuerza
para cambiar la historia
y danzar la porquería toda
que les echaron encima.
**SOMOS HOGAR DE BREOGHANAS**,
lumbres de carne y hueso,
dispuestas a escalar los árboles
de las aldeas vaciadas,
para encontrar los frutos de una Galicia
que se renueva,
para ser un auténtico **HOGAR PARA BREOGHANA**.

e, aínda máis,
transforma!
E cando caias,
descansa,
e recóllete nas túas cavidades,
ata que atopes as respostas
pra asaltar un novo día.
Lémbrate das avoas,
que morreron
sen desterra-lo pano neghro das súas cabezas,
os seus cabelos cohibidos
ante as esixencias alleas,
de costas á súa natureza
de mulleres con forza
para cambia-la historia
e danza-la porcallada toda
que lles botaron enriba.
**SOMOS FOGHAR DE BREOGHANAS**,
lareiras de carne e óso,
dispostas a escala-las árbores
das aldeas baleiradas,
para atopa-los froitos dunha Galiza
que se renova,
para ser un auténtico **FOGHAR PARA BREOGHANA**.

## Soy CUERPO-CORAZÓN-DESTINO

Aúllo (...)
a esta luna llena de enero,
por fin,
agradecida.
Mi **CUERPO**,
en todas y cada una de sus células,
al unísono,
disfruta de la oportunidad de **CREAR**,
al caminar,
al saltar,
al rozar los muros,
al expresar el ansia de mi pecho orgulloso,
mi culo voluptuoso,
y mi ombligo zumbeante.
¡Sí!, este **CUERPO** es ritmo,
conectado a la fuente,
**DESTINO**
y amigo de mi espíritu.
Es, finalmente,
compañero de viaje,
y no enemigo.
Es ya aliado convencido,
todo orejas a mi **CORAZÓN**,
bombeante y salvaje.
**SOY CUERPO DE MUJER**,
con carcajadas entre las piernas,

## Son CORPO-CORAZÓN-DESTINO

Ouveo (...)
a esta lúa chea de xaneiro,
á fin,
agradecida.
O meu **CORPO**,
en todas e cada unha das súas células,
ao unísono,
desfruta da oportunidade de **CREAR**,
ao camiñar,
ao choutar,
ao rozar os muros,
ao expresar a ansia do meu peito orgulloso,
o meu cu voluptuoso,
e o meu embigo zumbador.
Si! ... este **CORPO** é ritmo,
conectado á fonte,
**DESTINO**
e amigo do meu espírito.
É, finalmente,
compañeiro de viaxe,
e non inimigo.
É xa aliado convencido,
todo orellas ao meu **CORAZÓN**,
bombeante e salvaxe.
**SON CORPO DE MULLER**,
con gargalladas entre as pernas,

que fluyen
inundando el espacio circundante
y, a veces,
el universo.
Por fin,
vamos juntos,
caminando de la mano,
mi **CUERPO y mi CORAZÓN-DESTINO.**

que flúen
anegando o espazo circundante
e, ás veces,
o universo,
Á fin,
imos xuntos,
camiñando da man,
o meu **CORPO** e o meu **CORAZÓN-DESTINO**.

## *Poderossa*

**PUTA**,
me dices.
**LOCA**,
me gritas.
**SUCIA**,
me escupes.
**GORDA**,
susurras,
y me pinchas,
a ver si me desinflo.
**ESTÚPIDA**,
quieres hacerme sentir,
pero,
en el fondo,
**RADIANTE**,
me ves.
**LIBRE**,
me temes.
**SALVAJE**,
te sorprende encontrarme.
***PODEROSSA***,
sabes que
ya no puedes detenerme,
porque soy mujer,
llena de indestructible **PODER.**

## *Poderossa*

**PUTA**,
disme.
**TOLA**,
bérrasme.
**PORCA,**
cóspesme.
**GORDA,**
bísbasme,
e pínchasme,
a ver se me desinflo.
**ESTÚPIDA**,
queres facerme sentir,
mais,
no fondo,
**RADIANTE**,
percíbesme.
**LIBRE**,
témesme.
**SALVAXE**,
sorpréndete atoparme.
***PODEROSSA***,
sabes que
xa non podes conterme,
porque son muller,
chea de indestrutible **PODER**.

## La herida abierta

*Monstrúo*,
y, en cada flujo,
expulso
la materia sobrante
de la vida que se renueva
en este útero
cambiante y desconcertante.
¡No lo conozco!,
me manda mensajes fuera de lugar,
que me cuesta comprender,
encajar en mi día a día.
Me dice que abra las piernas,
mi sexo,
mi fluir interno
al mundo.
Que el dolor se irá
si persevero,
si me mantengo
en la actitud de conectar
y escuchar atentamente,
sin avergonzarme
del cuerpo rotundo
y la emoción intensa.
Suscribo el dolor,
la pena,
el sufrimiento,

## A ferida aberta

*Monstrúo*,
e, en cada fluxo,
expulso,
a materia sobrante
da vida que se renova
neste útero
cambiante e desconcertante.
Non o coñezo!,
envíame mensaxes fóra de lugar,
que me custa comprender,
encaixar no meu día a día.
Dime que abra as pernas,
o meu sexo,
o meu fluír interno
ao mundo.
Que a dor se irá,
se persevero,
se me manteño
na actitude de conectar,
e escoitar atentamente,
sen avergoñarme
do corpo rotundo
e a emoción intensa.
Suscribo a dor,
a pena,
o sufrimento,

el daño,
la vergüenza,
la ola de manos,
queriendo arrebatarme
un trozo de piel,
porque fueron heridos
y no supieron sanar,
porque fueron ultrajados
en su humanidad
y no pudieron
recuperar su amor propio,
porque se vieron obligados a desconectarse
de sus casas-cuerpos,
hechas de su carne y huesos,
también de sus sentires profundos.
Y no atisban
el daño causado
a expensas de su desconexión,
de su inconsciencia.
Y monstrúo,
conectando con el dolor,
abriendo mis entrañas a la vida
y al disconfort,
por aquellos que no pueden,
que no saben,
que no quieren,
que se cierran,
que se autoboicotean,

o dano,
a vergoña,
a onda de mans,
querendo arrebatarme
un cacho de pel,
porque foron feridos
e non souberon sandar,
porque foron ultraxados
na súa humanidade
e non puideron restaurar o seu amor propio,
porque véronse obrigados a desconectarse
das súas casas-corpos,
feitas da súa carne e ósos,
tamén dos seus sentires profundos.
E non atisban
o dano causado
a expensas da súa desconexión,
da súa inconsciencia.
E monstrúo,
conectando coa dor,
abrindo as miñas entrañas á vida
e ó disconfort,
por aqueles que non poden,
que non saben,
non queren,
que se fechan,
que se autoboicotean,

que no se regeneran
con la luna y sus ciclos,
ni los tienen en cuenta,
viven de espaldas
a la naturaleza de la existencia,
al origen del mundo.
Muertos en vida,
profanan otras almas,
asesinan,
violan,
destruyen,
contaminan,
abusan,
expolian la inocencia
que les fue arrebatada en su día,
pero no la encuentran,
porque no establecen la relación
con la emoción primera,
aquella que los rompió,
y de la que nunca se recompusieron,
a la que nunca retrocedieron,
para revisar
el daño y el dolor,
**sanar su herida**.

que non se rexeneran
coa lúa e os seus ciclos,
nin os teñen en conta,
viven de costas
á natureza da existencia,
á orixe do mundo.
Mortos en vida,
profanan outras almas,
asasinan,
violan,
destrúen,
contaminan,
abusan,
expolian a inocencia
que lles foi arrebatada no seu día,
mais non a atopan,
porque non establecen a relación
coa emoción primeira,
aquela que os rompeu,
e da que nunca se recompuxeron,
á que nunca retrocederon,
para revisar
o dano e a dor,
**sandar a súa ferida.**

## ¡Ireland!

Agreste
y
bárbara,
amante.
Creando,
sanando
o
simplemente
en el retumbar
de sus parajes:
un reencuentro con el olvido.
Reverberando.
La vida,
atravesándome,
de poniente
a oriente.
Todavía,
su súbdita,
descubro.
Reconecto.
De adentro
afuera.
Y de afuera
adentro.
Ireland,
hembra y matria,

## Ireland!

Agreste
e
bárbara,
amante.
Creando,
sanando
ou
simplemente
no retumbar
das tuas paraxes:
un reencontro co esquecemento.
Reververando.
A vida,
atravesándome,
de poñente
a oriente.
Aínda,
a súa súbdita,
descubro.
Reconecto.
De dentro
a fòra.
E de fóra
adentro.
Ireland,
femia e matria,

de las tierras celtas,
de áureos guerreros,
que se fornecen
de una femineidad matriz,
—para homenajear—
la majestuosidad de un paraje,
insólito y delicado,
que se desperezа,
brotando,
en cada hombre que
**DESPIERTA.**

dos aúreos guerreiros,
que se fornecen
dunha feminidade matriz,
—para homenaxear—
a maxestuosidade dunha paraxe,
insólita e delicada,
que se despreguiza
brotando,
en cada home que
**ESPERTA.**

## La noche de los tiempos

**(La noche y su esplendorosa negritud, ¡no hay nada que me atraiga más!)**

¿Qué será lo que tiene la noche
que me embarga
con su luminosa
oscuridad?
¿Qué será lo que tiene la luna
que bajo su influjo
me pongo a vibrar?
¿Qué será lo que quieren los astros
cuando a lo lejos los veo brillar?
Su reflejo se me cuela dentro,
tan adentro
que me siento elevar,
y la luna,
los astros
y la noche
se recogen en mi cuerpo,
yo soy ellos,
ellos soy yo.
Hija del universo,
nunca de un dios menor.
Mi piel
es el lienzo de una noche
sin parangón,

## A noite dos tempos

**(A noite e a súa esplendorosa negritude, non hai nada que me atraia máis!)**

Que será o que ten a noite
que me embarga
coa súa luminosa
escuridade?
Que será o que ten a lúa
que baixo o seu influxo
póñome a vibrar?
Que será o que queren os astros
cando ao lonxe os vexo escintilar?
O seu reflexo cóaseme adentro,
tan adentro
que me sinto elevar,
e a lúa,
os astros
e a noite,
recóllense no meu corpo,
eu son eles,
eles son eu.
Filla do universo,
nunca dun deus menor.
A miña pel
é o lenzo dunha noite
sen parangón,

oscura,
tersa
y preludio
del gran color.
Y no preciso más que
que la noche me abrace,
que el destello
de las estrellas me alcance,
que la luna
en su luz me permita bañarme,
para convertirme en candela,
que no extinga ningún huracán.
Y si me reconozco en mi luz,
a pesar de las tinieblas,
el corazón se expande,
el pecho se ensancha,
mis ojos son faro
que resplandece
en la oscuridad de los mundos,
incandescentemente sombríos,
allí reposa
lo sagrado del misterio,
que es
vivir
y
confiar
en un milagro,
en la noche de los tiempos.

escura,
tersa
e preludio
da gran cor.
E non preciso máis que
que a noite me abrace,
que o escintileo
das estrelas me alcance,
que a lúa
na súa luz me permita bañarme,
para convertirme en candea,
que non extinga ningún furacán.
E se me recoñezo na miña luz,
a pesar das tebras,
o corazón expándese,
o peito ensánchanse,
os meus ollos son faro
que resplandece
na escuridade dos mundos,
incandescentemente sombríos,
alí repousa
o sagrado do misterio,
que é
vivir
e
confiar
nun milagre,
na noite dos tempos.

## MADRE, ahora soy

**MADRE,**
ahora soy
de todos los seres sintientes,
en los que proyecto
mi amor,
como si fueran
las semillas
de mi útero,
refugio de la calidez,
de la luz
y el don
de esta tierra,
que se regenera,
para una nueva estirpe.
Ahora,
que engendré la vida,
que la he protegido
durante
meses, días, horas, minutos, interminables segundos
en los que sucumbí
a las necesidades y cuidados de otro ser,
que brotó desde mi centro,
agrandando la espiral de la existencia,
reflejo,
hoy,
de todos los hijos
y de todas las madres.

## NAI, agora son

**NAI,**
agora son
de todos os seres sentintes,
nos que proxecto
o meu amor,
como se foran
os gromos
do meu útero,
refuxio da calidez,
da luz
e o don
desta terra,
que se rexenera
para unha nova estirpe.
Agora,
que enxendrei a vida,
que a protexín
durante
meses, días, horas, minutos, interminables segundos,
nos que sucumbín
ás necesidades e coidados doutro ser,
que emanou desde o meu centro,
agrandando a espiral da existencia,
reflexo,
hoxe,
de todos os fillos
e de todas as nais.

Y, sí, comprendo.
Ahora
alcanzo a verlas,
en este momento,
venero
su instinto protector.
Ya no distingo
entre las especies,
**la vida más minúscula**
**es de incalculable valor**.
La araña de mi cuarto,
el gato callejero,
la serpiente que muda su piel
y deshueva sus crías,
acurrucada,
entre los gruesos muros de piedra de mi hogar.
Aquel cuco
que posa su huevo
en mi nido
para que lo alimente
y lo mime,
como alondra,
y aprenda a no distinguirlo
ni discriminarlo
entre los que se me asemejan,
porque,
igualmente,
es hijo de esta tierra,

E, si, comprendo.
Agora
alcánzoas a ver,
neste momento,
venero
o seu instinto protector.
Xa non distingo
entre as especies,
**a vida máis minúscula**
**é de incalculábel valor.**
A araña do meu cuarto,
o gato da rúa,
a serpente que muda a súa pel
e desova as súas crías,
arrecunchada,
entre os grosos muros de pedra do meu fogar.
Aquel cuco
que pousa o seu ovo
no meu niño
para que o alimente
e o aloumiñe
como cotovía
e aprenda a non distinguilo
nin discriminalo
entre os que se me asemellan,
porque,
de igual xeito,
é fillo desta terra,

y de este linaje
que me sustenta
**como madre de todos los hijos,**
**de todas las vidas,**
**de todos los seres**
con los que me comprometo,
ahora,
en su preservación,
ante la desidia de la muerte.

e desta liñaxe
que me sustenta
**como nai de todos os fillos,**
**de todas as vidas,**
**de todos os seres**
cos que me comprometo,
agora,
na súa preservación,
ante a desidia da morte.

## *Mariñeiro*

**(¡Tomo refugio en tu respiración!)**

Negro,
blanco,
¡fuerza!...
Déjame caer en sus brazos,
que me lleve cara a él,
hacia su piel,
su sabor salado,
*mariñeiro*,
ojos azules,
tristes,
inmensos como el mar...
Es cierto.
Me pierdo en ti,
tu profundidad me traspasa,
querer,
no saber,
dejarse llevar...
arrastrarme hasta la orilla,
tímidamente,
hasta penetrarte.
Naufragarte en la inmensidad,
dejarme azotar por tus olas
y sentir dolor en tus rocas,
el acantilado se extiende a mis pies,
siento vértigo,

## Mariñeiro

**(¡Tomo refuxio na túa respiración!)**

Negro,
branco,
forza!...,
Déixame caer nos seus brazos,
que me leve cara el,
cara a súa pel,
o seu sabor salgado,
mariñeiro,
ollos azuis,
tristes,
inmensos coma o mar...
É certo.
Pérdome en ti,
traspásame a túa profundidade,
querer,
non saber,
deixarse levar...,
arrastrarme ata a beira,
timidamente,
ata penetrarte.
Naufragarte na inmensidade,
deixarme azoutar polas túas ondas
e sentir dor nas túas rochas,
o cantil esténdese aos meus pés,
sinto vertixe,

caigo,
¿o quiero caer?,
... tengo miedo...
doy media vuelta...,
¡casi!,
en mi vida me había sentido así,
tan frágil,
tan dura,
tan suya...,
¡te pertenezco!,
... me sumerjo...,
querido mar,
¡hazme tuya!

caio,
ou quero caer?,
... teño medo...
dou media volta...,
case!,
na miña vida me tíña sentido así,
tan fráxil,
tan dura,
tan súa...,
perténzoche!,
... mergúllome...,
querido mar,
faime túa!

## Compost

El cuerpo se deshace bajo el barro,
el fuego interno lo abandona,
para empoderarse
(dependiendo de la atracción)
en las alturas o bajuras.
Los pliegues de la piel
acogen los grumos de la tierra,
como caricias sin respuesta,
mientras el cuerpo,
que fue vida,
se funde con el subsuelo,
en busca de las raíces
que una vez lo sustentaron.
Cuerpo sin alma,
cuerpo soterrado,
acogido
y sembrado,
cuerpo amado,
quizás gozado,
o ignorado,
devuelto a la vulva de la madre tierra,
acorralado por la conquista de los años,
a veces enquistados,
mas transcurridos,
sin retorno.

## Compost

O corpo desfaise baixo a lama,
o lume interno abandónao
para empoderarse
(dependendo da atracción)
nas alturas ou baixuras.
Os pregues da pel
acollen os grumos da terra,
como caricias sen resposta,
mentres o corpo,
que foi vida,
fúndese co subsolo,
en busca das raíces
que unha vez o sustentaron.
Corpo sen alma,
corpo soterrado,
acollido
e sementado,
corpo amado,
quizais gozado,
ou ignorado,
devolto á vulva da nai terra,
acurralado pola conquista dos anos,
ás veces enquistados,
mais transcorridos,
sen retorno.

Despertando el deseo de la tierra
de engullir,
de asumir
el cuerpo inanimado,
como compost
para el abono.
Bienvenidos al banquete,
a la desposesión,
a la desintegración
de lo que
un día fue
un traje prestado,
brillantemente
estirado.

Espertando o desexo da terra
de engulir,
de asumir
o corpo inanimado,
como compost
para o abono.
Benvidos ó banquete,
á desposesión,
á desintegración
do que
un día foi
un traxe prestado,
brillantemente
estirado.

## Epitafio

Lame mi centro,
pellizca la necesidad
de endurecerme,
como una roca,
ante el avance de tu delicada boca,
en busca de los saltones ojos de mis pechos,
constelemos el amor que intercambiamos como fruto del pasado.
Dame más risa vibrante
y ganas de gritarle al mundo
que me has dado otro,
solo conectando mis puntos neurálgicos.
Y en tu tumba,
agradecida,
grabaré estas palabras:
**«A MI AMADO,**
**POR TANTOS Y TAN BUENOS... (ORGASMOS)».**

## Epitafio

Lambe o meu centro,
belisca a necesidade
de endurecerme,
coma unha rocha,
ante o avance da túa delicada boca,
na procura dos ollos saltóns dos meus peitos,
constelemos o amor que intercambiamos como froito do pasado.
Dáme máis risa vibrante
e ganas de berrarlle ó mundo
que me deches outro,
só conectando os meus espazos neurálxicos.
E na túa tumba,
agradecida,
gravarei estas palabras:
**«Ó MEU AMADO,**
**POR TANTOS E TAN BOS... (ORGASMOS)».**

# Índice

*Este libro se terminó de editar en Granada*
*en agosto de 2025 por*

www.aliarediciones.es
*info@aliarediciones.es*